國家重點文化工程『全球漢籍合璧工程』成果
山東省中華優秀傳統文化傳承發展工程重點項目成果

中山表文

（琉球）毛如苞　撰

上海古籍出版社

據日本市立米澤圖書館藏抄本影印

出版説明

《中山表文》爲清乾隆二十一年（一七五六）琉球毛如苞所撰。目前僅見日本市立米澤圖書館所藏抄本，其他國内外藏書機構均無此書信息。

全書高二十三點一釐米，寬十七點六釐米。原爲四孔裝訂，改裝爲五孔單綫裝訂，分爲五册，缺第二册。書前有乾隆二十一年十一月趙登捷序，稱與毛如苞一同下榻於瓊河（在今福建福州）館驛，毛如苞『編集舊表，分門別類，依事擬作』。毛如苞是明初移居琉球『閩人三十六姓』的後人，曾參與修撰琉球史書《球陽》。據《清史稿》，乾隆二十年（一七五五）翰林院侍講全魁、編修周煌前往琉球，封尚穆爲中山王。又據《久米村系家譜》，乾隆二十一年，尚穆派遣使團赴北京謝恩進貢。使團自那霸港出發，途經福州等處晉京，毛如苞爲使團通事。乾隆二十四年（一七五九），尚穆命毛如苞前往日本薩摩藩告知册封事宜，此後日本人不敢輕入琉球。

各册書衣墨筆題『擬表』『卷之某』『官生林世功』，扉頁題篇目，字迹相同。每册卷首鈐『林世功印』白文方印、『子叙』朱文方印。據此可知，此書曾爲琉球林世功舊藏。林世功於清同治七年（一八六八）作爲官生入讀北京國子監，後爲琉球世子師。清光緒五年（一八七九），日本吞併琉球，光緒六年（一八八〇）林世功在北京自殺殉國，慈禧太后命葬於通州琉球人墓園。

《中山表文》爲分類彙編的奏表體式，全六卷，缺卷三。卷一卷二合册。卷一爲凡例，卷二爲進貢表文，卷三爲寬期謝表及補貢表文，卷四爲欽賜謝表，卷五爲萬壽賀表、登極賀表、進香表文，卷六爲請封表文、謝封表文、官生回國表文。

《中山表文》反映了當時的朝貢體系和『天下』秩序觀，明確了琉球的歷史地位和琉球中山王的中華認同，也從側面反映了從琉球到『沖繩』的歷史變故。清代琉球國表奏文書原件集中存放於中國第一歷史檔案館，其中奏表起於雍正元年（一七二三），止於同治十三年（一八七四）。《中山表文》收録部分奏表全文作爲範例，其中有順治、康熙時的奏表，第一歷史檔案館藏品中無此部分。《中山表文》具有重要的文獻價值。

漢籍對東亞文明乃至世界文明的構建發展起著重要的作用。漢籍在世界範圍内的流布，是域外文明對中華優秀傳統文化自主和積極的選擇，是多元文化視角下人文交流互鑒的直接體現。《中山表文》是全球漢籍合璧工程團隊在日本發現的珍貴漢籍。全球漢籍合璧工程是一項以山東大學爲責任主體實施的國家重點文化工程，旨在調研摸清境外所藏中華古籍的全部情況，複製回引大陸缺藏漢籍，與境内所藏形成『合璧』，使中華古文獻的存藏體系更爲完善。

擬表 卷之一二

共五冊

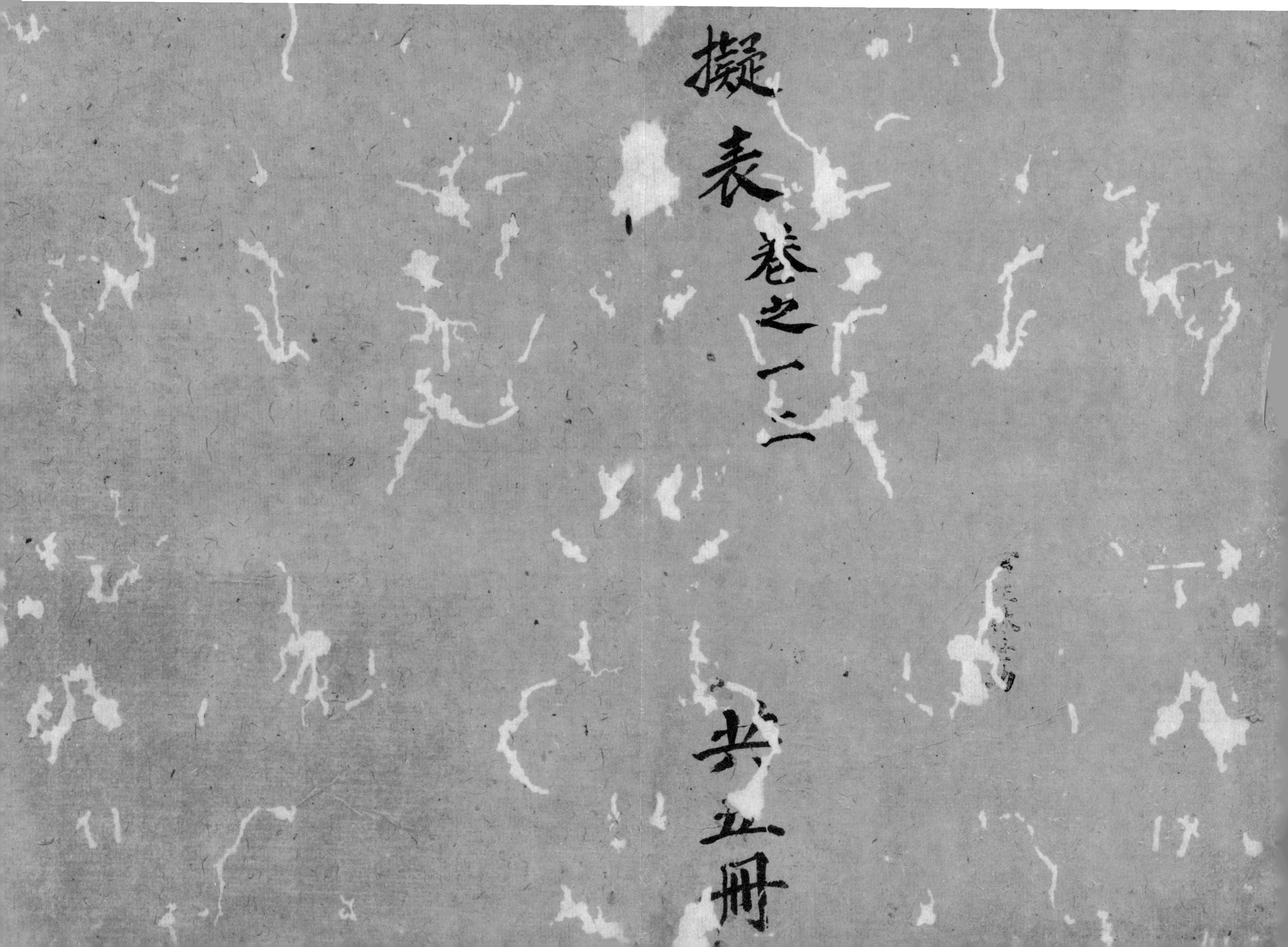

藏集卷之三　共五冊

表文弁言一篇

表文凡例十八則　表文碎錦集句

進貢表文

新擬十篇

弁言

粤自典謨陳於帝世訓誥宣於王朝都俞吁咈喜起賡颺後世詔命表牋悉本尚書而出洎秦漢以来变古質渾粤而為汪洋浩瀚文風犄歟盛哉迄晋魏六朝後漸变散文競尚駢體凡遇國家有所制作皆屬排偶駢句𭔃多闗廉渊博綺麗相沿及今表章四六遂沕為一定章程但閱球陽所上慶賀謝恩等表惟要简約整鍊不貴累牘連篇率皆以

欽定頒行之表為宗方今

聖天子声教覃敷文明廣被雖遐陬荒壤亦涵濡閫以禮樂詩書況中山靈秀之區縉紳閥閲半皆華膺所由人文蔚起濟通嗜學之士指不勝屈予自豫章新城洪明府署中旋閩於是有 玉峰毛先生者存菴三山

爲予夙好舊文，招予下榻於驛樓中，爰以
表文體製格式爲商。予因編集舊表，分門
別類，依事擬作，務使平仄粘貫，詞語清新。
凡表文中之作法，另列則例於後；典故詳
釋註解，辭句彙集成篇。自秋徂冬，晨夕把
臂，見 毛先生躬館半通，猶復諄諄力學
不倦，焚膏繼晷，手不停披，其姿品傑出磊
落，欹碕不閡，時而庖刀立解，批竅導窾，遂
已神明乎其技。來夏瓜期，復命行看黼黻
王家，潤色海邦，超擢增榮，可拭目而待也。余
竊不自揣量，因弁數言，以就正焉。旹
乾隆二十一年丙子十有一月中浣瀛堂趙
登捷題於瓊河館驛

中山表文編次目録

卷之一
表文弁言一篇
表文凡例十八則

卷之二
表文碎錦集句
新擬十篇

卷之二
進貢表文
補貢表文

卷之三
寬期謝表
新擬合共六篇

卷之四
欽賜寶篆謝表
特賜御筆謝表
欽賜器物謝表

新擬合共九篇
卷之五
新擬　萬壽賀表三篇
登極賀表
進香表文
卷之六
請封表文
謝封表文
官生回國謝表
新擬合共九篇

表文法式

一作表必有一定體裁確不可易披閱中山歷代所進慶賀謝恩進貢請封各表其體裁唯尚短而勁簡而明此球國之表文定式也珥筆者所由熏香摘艷摛藻揚華織錦繡心腸吐瑩簧音韵包括精詳不貴連篇累牘對仗工整恍如玉潤珠圓而平仄協調擲地作金石声者也蓋表文中伏以一段謂之冒頭恭惟一段謂之頌聖臣某一段謂之述意伏願一段謂之勉聖篇中段落分作四截乃不易之法如此要之仄起平受平承仄轉平起仄受仄承平轉灑灑洋洋一氣貫下半句不可失粘至於上段明白下段轉換平仄似亦無妨不可於每段未完下句承接上句遂失平仄失平仄則謂之失粘失粘則非體裁矣

一表文氣象務要冠冕堂皇昌明博大上稽典

謨下通詔誥五經史鑑諸子百家精貫融會涉獵揣摩若過　國家有所制作則文似傾河倚馬可待而官樣著述光芒萬丈自是一代燕許然臨作之時切宜澄心靜慮字斟句酌烹鍊精工淹通博雅則引經據典考覈詳明庶無魯魚亥豕之疑甚至若金銀車之陋貽譏千古哉

一表文係六朝駢體以華麗為淵博以白描為空疏組織典故敲金戛玉有枚馬之文章並徐庾之風韻則詞命蘊藉而邦家亦為之增光已

一表冒長聯二對龍罩時事詞采以綺麗為要頌聖短聯一對長聯一對贊揚盛德最宜渾博高華堂皇璀燦述意一段叙入時事句法長短相間對偶須鎔鍊工巧不可參差勉聖短聯一對長聯一對援引三代以前事功勿

参入漢唐中晚事實，寫出一腔忠愛，隱寓箴規之意，將見四句總收通篇全局，援古据今，泛論頌美而結束之。

一學作表文，先錄數十篇，朝夕誦維，想一篇之局法，看各段之意義，久之浸灌滋润，得心應手，自然揮毫立就耳。今所抄歷代舊表集為全卷，誠恐魚目混珠，姑將慶賀謝恩各表分作若干卷，中有平仄失粘、字眼重複者，指其瑕病而删改之。若聯句對偶，披覽經史時有所獲，切近某事，則依某卷彙集之，備有思窘筆擱之時，開卷摘用，實屬便益。但語云：多看不如多做。若值公餘之際，或擬某事而製一篇，切勿寄人籬下，勦説雷同，尤當别出心裁，自成機杼，乃為可貴。

一表文依時事以立局，通篇文勢氣脉須連絡照應，用意措辭宜樸誠精摯，無諂無驕，不卑

不元乃合體裁

一繕表之式若遇　朝廷大慶賀表起空二格寫琉球國中山王臣尚某誠懽誠忭稽首頓首謹奉表上言表字須一擡頭上言伏以四字一直接在表字須下如不用謹奉表三字只用上言伏以等字隨時變通可也上言上字宜単提頭表冒首聯頂擡頭次聯用一擡頭其謝表貢表宜用誠惶誠恐四字餘式如前

恭惟皇帝陛下皇字頂提短聯単提次聯亦単提若干涉國家贊頌朝廷各字樣俱要頂提如以聖德王謨鳳藻龍章等字泛論古今帝王止用単提表中用臣某字畧小些俱寫在旁邊這一段叙事或長或短不拘至伏願下短聯単提次聯亦単提餘一直接去賀表表末用臣某無任瞻天仰聖踴躍懽忭之至天字聖字頂提謹奉表稱賀以聞表字単提

賀字亦單提表稱賀以四字排寫形如四隅
聞字須擡頭謝表貢表表末用激切屏營之
至謝表用稱謝以聞貢表或用謹奉表恭進
以聞或用謹奉表進貢以聞俱要依事酌用
餘式亦如前臚列表中起訖門戶字記在心
切不可錯

一表中有用二祖一宗世祖聖祖世宗先皇陵
寢天地祖宗等字及慶賀皇太后萬壽俱要
三提頭高出皇帝陛下一字皇太后稱殿下
皇太子只一提頭如遇聖諱弘字旁勿點曆
字中勿畫要用此等字寧避而勿用另尋別
字改換之

一表中對句用天文地理君道人事朝代姓名
宮室器物花木鳥獸藩服慶吊珍寶數目等
字各依門類對偶即其中有變換不一亦尋
虛實陰陽等字門類對之何謂虛實陰陽之

字譬如字眼中虛字如於之與共等字是也
實字如歡慶瞻覩等字是也陰陽字如遠近
中外多少輕重等字是也若如此類舉一漏
百難以悉数總要对句工整虛不对實陰陽
相偶此表句中用字之法大畧如此云
一作表文不僅在舊表中討生活若四子五經
在所必需如通鑑綱目潛確類書文獻通考
淵鑑類函佩文韻府各部大書俱爲表文之
所取資也今勿論隨時隨地開卷有得分门
别類謹抄之以爲錦囊佳句章勿惜墨如金
徒致臨文浩嘆已也
一表聯句法字眼須用響字如四言上一下三
第二字要響如五言上二下三第三字要響
上一下四第一字要響上三下二第四字要
響如六言上三下三中二字要響上二下四
第二字要響上四下二第五字要響如七言

上二下五第三字要響上一下六第一字要響上四下三第五字要響至于八言九言要緊字關捩處最要響亮今將新舊表文字眼響亮處隨字用一硃圈以便寓目者往復推敲云爾

一官生回國謝表臣某述意一段謂之表腹排偶聯句詞不厭繁總說官生在國學肄業等緣由至進香之表頌聖一段先贊皇帝陛下短聯一對長聯一对後就說〇〇〇皇帝短聯一对長聯一对式如前寫表内叙說球國陳祭緣由此條體裁與各道表文稍别姑晰之以備覽焉

一表中字畫須要端楷依本朝康熙字典模樣寫去筆畫不可簡省遇有三提双提单提頭稿中仔細較勘毋使錯悞繕正之時存一恭敬之心如凛　天威咫尺奚致隕越貽羞

一表緣掛脚如提頭太多無一二行到底者謂之掛脚自伏以起至以聞止中有二十一二提頭便爲合式

一表中單字亦不成行臨池纔正先用一番精神打算寫到此處或宜加減幾字與否使一行有得兩字便爲成行胸有智珠随機應変臨時方不致周章

一聯句有語病者二曰双声曰疊韻謂之双声者同音雖不同韻兩句起煞字面音畧相近也謂之疊韻者同音又係同韻兩句起煞字面音太相似也讀之便覚格〻不叶用字之時務要吹毛求疵隻字不可放過著作一篇自然白璧無瑕允堪鼓吹休明

一表聯起句前後四対長聯勿論四字五字六字起俱當布置圓活一道表文各聯起句煞字或用平用仄須錯綜変換不可一樣雷同

起煞字面平皆用平仄皆用仄切宜留心斟
酌至若表中之平仄相粘回属鐵板定式解
晰詳明已朗若列眉但每句中亦要平仄叶
調誦讀之下如宮商叶韵毋使齟齬稍有拗
口不順便當推敲改易可也
一表文在琉球國以貢表為先每年進貢常進
一道表文故將舊表彙集成冊首卷冠以貢
○丨表次寬期補貢又次欽賜寶篆御筆器物萬
壽請封謝封官生回國登極進香等表分作
十二卷條彙集各卷偶句对聯後擬上十二
條事件或作二三篇務使平仄粘連音韵叶
調為貴未知有當與否敢以質之高明

表冒束句

平起

中外歡騰
臣民感洽
瀛海揚休
滄溟增慶
百爾騰声
千官拜手
島外歡生
寰中喜動
拜命增虔
撫躬益勵
朝野咸歡
臣民胥慶
慶溢壽田
歡騰學海

雲外嵩呼
波臣拜舞
荒服增榮
外藩誌盛
雉贄爭先
梯航恐後
天壤騰歡
要荒綏乂
喜動儒林
歡騰海國
喜溢龍光
歡騰虎拜
碧海騰歡
滄溟溢慶

動地山呼
普天嶽誦
慶洽普天
樂均環海
喜溢堦墀
慶流陬澨
喜動千官
歡聯四野
喜起揚休
明良誌慶
慶溢黌宮
光生芹藻
鳳閣陳詞
鵷班颺頌

喜動千官
欣聯兆姓
蟻垤流香
蝸居煥彩
蛟宮分榮
蟻封知慶
歡洽臣民
慶騰宇宙
中外歡翔
臣民感洽
海澨榮增
藩垣瑞啓
棫樸增光
樵薪映彩

四表軒騰　亘古殊恩　黍谷春回　曠典時聞
八荒踴躍　超前曠典　沙城雷動　歡声欲遍
蟻垤騰声　蚕宇榮生　四野歡呼　萬姓嵩呼
鵷行拜手　鮫宮瑞溢　千官動色　千官雷動
慶協普天　四海傾心　海甸流徽　天際光昭
恩流率土　萬方拭目　滄瀛煥采　波心瑞藹
水國流輝
江城煥彩

遐邇共歡　洽協中天
中外有慶　歡騰大地

仄起

外藩欣溢　旂常著績　歡騰薄海　臣民色喜
荒服光騰　帶礪盟歡　慶溢普天　朝野歡騰

明良交泰
遠近傾心
臣民胥慶
中外禔休
波臣颺拜
澤國歡呼
人登壽域
世躋春臺
寰區攸采
海表增光
蛟宫起色
蟻穴回春
滄溟羅拜
島嶼軒騰
兆民胥賴
萬拜是孚

普天胥慶
率土輸誠
慶盈陬澨
采溢圖書
冠裳忭舞
遠近謳恩
臣民歸命
遐邇傾心
江河呈瑞
臣庶歡呼
蜃樓映彩
鮫室生光
寰中誌慶
域外歡呼
萬方錫福
大地蒙庥

南溟胥慶
東渤咸歡
光昭山洞
喜溢沙城
歌興虎拜
喜動龍驤
懷柔及遠
貢賦有常
普天踴躍
大地歡呼
垂紳溢慶
搢笏騰歡
外藩叶吉
環海興歌
慶敷八極
頌及九天

海疆煥采
域外流輝
人〻加額
島〻傾心
山陬望聳
海澨膏流
遐陬羅拜
僻海忭歡
宮庭志忭
寰宇嵩愉
波區瑞靄
海澨祥符
海藩慶溢
環島歡騰
波區沐德
海表懷仁

簪裾色喜
膏流若雨
光流百世
萬方戴德

蒼赤歡騰
歡動如雷
慶溢三呼
百爾傾心

歡盈宇內
卓哉曠典
臣民沐德
金莖喜溢

喜溢寰中
允矣休風
宇宙懷仁
玉琯声揚

頌聖短聯

平起

乘六體乾
道貫三才
治紹唐虞
德至登三

兼三出震
功高百辟
道宗洙泗
功高咸五

文武兼資
德覆堯天
心見羹墻
器量寬洪

聖神廣運
仁敷禹甸
道登文岸
聰明洞達

德邁堯仁
仁冒八方
作君作師
道邁百王

思周禹甸
德綏九有
允文允武
功高千古

[illegible]
[illegible]
[illegible]
[illegible]
[illegible]
[illegible]
[illegible]
[illegible]
[illegible]
[illegible]
[illegible]

道亘唐雲　德協中和　愛協虞絃　德若海涵
德孚殷雨　功調氣化　憲周禹甸　仁同天覆
至孝性生　德合坤乾　德化宏敷　位正當陽
仁慈天覃　道符參兩　声靈遠播　尊居皇極
德邁百王　道貫百王　踰五跨三　乃聖乃神
道超千聖　慮周萬物　追參齊兩　大仁大孝
緯地經天　德峻堯衢　乾健乘機　保合太和
揆文奮武　仁周禹甸　离明出治　均調淑氣
九德當陽
六符御極
中外一家　心見堯墻
声教四訖　道登文岸

仄起

德崇五嶽　神奇天授　德高天亶　父天母地
道貫百川　恭默思凝　明並日華　理陰察陽
允文允武　天聰睿照　岐嶷天縱　德成廣運
乃聖乃神　聖學淵涵　學問日新　道協文明
堯章丕煥　秉三出治　德參兩大　體元出治
舜德常昭　得一以臨　道協三才　累洽重熙
模天範地　聰明天授　勳高覆載　聰明亶作
鑄舜陶堯　仁孝性成　學貫天人　聖武布昭
堯仁遠播　聰明睿知　函三居正　仁恩遠被
禹德光昭　文武聖神　歛五宅中　惠澤弘敷
堯文丕煥　恭默思道　神文廣化　德涵三極
舜哲重華　秉敬宅心　聖武宣慈　恩被九圍
舜琴解愠　堯仁普覆　登先文岸　尊居九五
禹磬調鐖　舜德咸瞻　煥比堯章　統馭萬邦

道高咸五
德重登三

功高百辟
道貫三才

勉聖短聯

平起

德惟日新
福垂天保

道見羹墻
治成作觀

道奉三無
恩沾九有

安愈求安
治猶圖治

七月披圖
九歌丕敘
主善為師
與治同道
精一彌純
聖神益愈茂
鑠古凌今
馳王驂帝

咸五登三
道同俗一
學繼緝熙
德齊廣運
大化無私
陽春有腳
聖德彌深
神功益愈懋

文教覃敷
丕基永奠
圖繪豳風
書陳無逸
文治彌光
淵修益愈懋
振古鑠今
光前裕後

文德覃敷
仁風普被
玉燭頻調
金甌永奠
文德日隆
道心時勵
仁覆不毛
春回有腳

制作彌隆　聖德彌崇　仁綱常開　覆幬同天
文思愈益懋　天聰愈峻　道符永固　照臨匝地
道配乾元　洪覆無私　覆育同天　道岸再登
德符坤厚　健行不息　照臨匝地　聖功加懋
慕閣常親　念祖聿修　學溯淵源　圖治當勤
松軒時警　紹衣勿倦　道崇洙泗　保民為急
日旦日明　四海一家　夙夜單心　治進升恒
惟功惟敘　八紘在闈　始終典學　運隆履泰
丕顯丕承　德溥春風　永錫無忘　闢及四門
善繼善述　澤敷甘雨　聿修勿替　明洞萬里
淑氣均調　嘉祉駢臻　纘序其皇　道岸先登
太和保合　洪府游至　紹聞不替　藝林廣闢
德進無疆　寶幄緗經　湯德敬日躋　雲漢光回
化成久道　琅函披籍　禹功無門　天章於煥

化起宮中　居重馭輕
風行域外　宅中圖大

仄起

仁涵萬國　道隆丕匱　無私覆被　居中表正
化比二南　治繼無為　丕冒照臨　一道同風
惟精惟一　法天不息　盛德邁種　保定孔固
乃聖乃神　應地無疆　大業彌新　載穀咸宜
恩覃九有　德教洋溢　時和道泰　無逸作所
德契三無　茀祿駢臻　物阜人康　有道興歌
丕基永奠　躬行禹儉　豳風繪殿　堯咨舜儆
文教覃敷　心契堯仁　無逸書屏　禹儉湯仁
永厥宅里　羹墻永接　聖不自聖　乾行不息
樹之風声　丕治常新　安益愈求安　益愈進無疆
仁天愈益懋　都俞一德　仁恩無斁　澤敷九有
壽日彌高　喜起賡歌　聖敬德常躋　道奉三無

乾行不息　聖恩益擴　車書一統　勵精圖治
睿算無疆　文治彌光　玉帛萬方　垂拱凝旒
陽春有脚　千秋作鏡　湛恩廣被　宅心常濬
大化無私　六合為家　利樂咸周　樹德如滋
俗登仁壽　心源常濬　綏柔克廣　先憂後樂
世躋雍熙　道岸先登　教思無窮　勤始勵終
四時布化　監于成憲　恩施四海　克仁藹藹
百度維新　率乃舊章　化被八埏　舜孝夔夔
德如甘醴　光昭雲漢
仁若陽春　教普要荒
堯封永奠
禹甸攸寧

擬進貢表

琉球國中山王臣尚某誠惶誠恐稽首頓

首

上言伏以

聖教誕敷（平）四海祝昇平之治（仄）

皇綱丕振（仄）萬年綿福祚之長（平）

綜王會之輿圖（平）河山燦於碁布（仄）

攬職方之版宇（仄）嶽瀆煥若星羅（平）喜溢普天（平）歡

騰率土（仄）恭惟

皇帝陛下

允文允武（仄）

作君作師（平）

垂拱歌風（平）解慍阜財遊盛世（仄）

凝旒鳴豫（仄）含哺鼓腹樂清時（平）臣某東瀛微員（平）

南濵末職（仄）棲遲僻宇（仄）雖循臣分以輸將（平）僻

處鮫宮（平）時凜

天威於咫尺梯航恐後贄幣爭先謹遣陪臣○
○○○○等恭奉葵藿
上陳仰冀芻蕘下採伏願
德齊廣運
學繼緝熙
論道邇英銅漏宣未央之問
綏猷崇政藻火懋長樂之修則安愈求安治
彌求治輸玉帛者遍戴日戴斗之區獻共
球者集如雨如雲之盛矣臣某無任瞻
天仰
聖激切屏營之至謹奉
表進
貢以
聞
乾隆○十○年○月○○日琉球國中山王
臣尚某謹上表

擬進貢表

琉球國中山王臣尚其誠惶誠恐稽首頓

首謹奉

表上言伏以

帝業肇苞桑平帶礪慶萬年鼎籙仄

皇圖奠磐石仄車書集一統河山平

俟甸要荒平咸切就瞻於雲日仄

躬桓蒲穀仄羣思吁祝於華嵩平東漸騰歡平南濱

謚慶仄恭惟

皇帝陛下

經天緯地仄

奮武揆文平

聲教誕敷平化洽巢山館海仄

仁風遠被仄澤流陰火陽氷平臣其蕞爾波區平殫

九澤國仄累洽

聖朝樾蔭仄清晏揚休平溥輸下國葵傾平梯航敢緩仄

臣聞[illegible]清[illegible]者[illegible]林ヲ[illegible]下國家[illegible]安[illegible]

乃[illegible]圖[illegible]

仁風[illegible]政[illegible]人[illegible]水[illegible]

[illegible]教[illegible]治[illegible]山[illegible]海[illegible]

倉吉[illegible]文ヲ[illegible]

[illegible]天[illegible]

皇帝陛下

[illegible]

[illegible]

[illegible]

[illegible]

表[illegible]言[illegible]

首[illegible]本

[illegible]中[illegible]

謹[illegible]言[illegible]

擬進貢表

琉球國中山王臣尚某誠惶誠恐稽首頓

首謹奉

表上言伏以

帝德覃敷(平)萬國隸職方之府(仄)

皇靈遠播(仄)九邊登王會之圖(平)

覲諸水之朝宗(平)梯航畢集(仄)

望衆星之拱極(仄)玉帛偕來(平)雲外嵩呼(平)波中拜

舞恭惟

皇帝陛下

聰明亶作(仄)

文武兼資(平)

經緯萬端(平)治法兼兵刑禮樂(仄)

紀綱六宇(仄)勳猷譜歌敘休和(平)臣某海嶠微員(平)

環瀛末品(仄)罔叨

覆幬(仄)消埃未答於

聖明平茲值貢期平贊幣敬稽於納款謹遣陪臣〇

〇〇〇〇〇等肅賫方物仄聊表芹私平仰藉

恩光平萬祈

海納仄伏願

居中表正仄

一道同風平

統候尉於東西平宵旰猶懷秋駕仄

合車書於南北仄睿恩時凜春冰平將見器車出

而澤馬來平超八九之往跡仄紫脫華而朱英

秀仄跨三五之遥蹤平矣　臣某無任瞻

天仰

聖激切屏營之至謹奉

表恭

進以

聞

年號〇〇年〇月〇十〇日琉球國中山王臣尚某謹上表

擬進貢表

琉球國中山王臣尚某誠惶誠恐稽首頓

首謹奉

表上言伏以

運際昌明平四海之車書日麗仄

時臻熙皞仄萬方之玉帛雲從平

俟甸要荒平罔不山鳴谷應仄

躬桓蒲穀仄永期海晏河清平慶洽普天平歡聯率

土仄恭惟

皇帝陛下

道高千聖仄

德邁百王平

擴無外以為規平八荒在闥仄

撫有截而作所仄六合為家平臣某屬宇徼員平蚊

宮下吏仄翹首

君門於雲外仄徒切望河平帷循臣職於波區平恒殷

就日仄謹遣陪臣〇〇〇〇〇〇等肅賫方
物仄祇屬野芹溪毛平虔貢
丹墀平仰藉海涵茹納仄伏願
堯天普覆仄
舜日咸熙平
垂拱凝旒平渤澥順耕鑿之則仄
勵精圖治仄濱瀛譜琴瑟之音平將見來享來王平
覲琛金之踵至仄卜年卜世奠鼎祏於無疆平

矣臣某無任瞻
天仰
聖激切屏營之至謹奉
表恭
進以
聞

擬進貢表

琉球國中山王臣尚某誠惶誠恐稽首頓

首

上言伏以

黼座天開平萬國共球歌湛露仄

楓宸日麗仄八荒簪笏沐薰風平

玉帛來同平咸望建章而拜舞仄

車書集統仄羣瞻長樂以山呼平鼇嶼分榮平蟻封

知慶恭惟

皇帝陛下

堯仁廣運仄

文德維新平

太極恒啓經筵平學貫關閩濂洛仄

崇政時勤宵旰仄治敷禮樂兵刑平臣某海表藩

封平島中澤國平河潤頻沾於雲外仄涓埃莫答

於

聖朝平茲值貢期平敢稽納款仄謹遣陪臣○○○
○○等賷中山之土產仄僅屬溪毛野芹平叩
丹闕之崇增平竊效傾葵獻曝仄伏願
勵精圖治仄
夕惕朝乾平
咸五而蹤平道高于聖神文武仄
登三以治澤流于侯甸要荒將見浴日滔星平
共樂春臺壽域而扶桑高柳仄各安桂海冰
天矣臣某無任瞻
天仰
聖激切屏營之至謹奉
表進
貢以
聞

擬進貢表

伏以

聖德凝庥平嘉社衍無疆之慶仄

皇猷錫福仄祥符昭有道之長平

玉帛雲從平梯航咸登壽域仄

車書日麗甸荒共履春平臺域外歡呼寰中拜

舜恭惟

皇帝陛下

聰明天縱仄

敦敏性生平

敷治邇英武誥湯盤披

黼座

懋修崇政仄豳風箕範燦

楓平宸　臣某海嶠微徼平藩垣末品仄望

金门玉陛仄波濤隔萬里雲霄平瞻

景運泰階平島嶼分九天雨露仄蛟宮屏息仄徒

切依光蜃宇棲居久叨
培造謹遵貢典敢緩輸將特遣陪臣○○○○
○○等恭捧
表章平肅陳方物仄聊表葵傾之意仄仰祈海納之
慈平伏願
精一彌堅平
聖神愈廣仄
經天垂以緯地仄六宇朝宗平
奮武復能揆文平八荒拱極仄將見山如礪而河
如帶仄金甌永固于千秋畢協雨而箕協風平
玉燭常調于奕禩仄矣臣某無任瞻
天仰
聖激切屏營之至

擬進貢表

伏以

聖朝大一統（仄）河山偕日月光華（平）

皇圖鞏萬年（平）玉帛並風雲絢爛（仄）

節頒龍虎（仄）奉冠帶者咸樂朝宗（平）

贄貢雜褻（平）宣正朔者皆思拱極（仄）普天喜動（仄）率

土歡騰恭惟

皇帝陛下

仁冒八荒（平）

德綏九有（仄）

垂裳南面（仄）紹危微精一之傳（平）

緼瑟深宮（平）闡河圖洛書之秘（仄）臣某海疆下吏（仄）

島嶼末僚世守藩垣代供職貢僻居鮫室

頻藉有脚陽春翹望

龍墀（平）徒切傾心葵藿（仄）謹遣陪臣○○○○○

等虔賚土產（仄）匍叩

玉
階平伏願
文治彌光平
淵修愈懋仄
恩敷帶礪仄瀛溟之麗浪永恬平
澤被屏藩平渤澥之鯨波常靖仄將見五風十雨仄
兆瑞於熙皞之朝而四海九州平悉登於仁
壽之域仄矣臣某無任瞻
天仰
聖激切屏營之至
擬進貢表
伏以

泰運長亨（平）萬國之共球畢集（仄）

乾綱丕振（仄）八荒之玉帛游臻（平）

雉尾雲移（平）聽曉鐘於丹闕（仄）

螭頭日暖（仄）燦仙仗於玉階澤國歡呼（平）波臣羅

拜（仄）恭惟

皇帝陛下

神奇天授

恭默性成（平）

紹千聖之心傳（平）惟精惟一（仄）

繼百王之治法（仄）丕顯丕承（平）　臣某僻處島區（平）代

職貢（仄）雖國微地狹（仄）涓滴不足增滄海之波（平）

而効順懷誠彈丸猶得仰

矞雲之庇謹遵貢典敢緩輸將特遣陪臣○

○○○○等肅捧

表章虔陳葵藿伏願

文治彌光平

福錫箕疇平颺而賛者夔龍稷契仄

祚綿姬籙梯且航者東西朔南平將見扶桑叢

桂之鄉平悉占雲而納節仄高柳生風之地仄咸

侯月而歸琛平矣臣其無任瞻

天仰

聖激切屏營之至

擬進貢表

伏以

聖祉凝禧平福祚共乾坤並峙仄

皇猷壯麗仄鼎圖偕日月齊輝平

大一統之車書平梯航類雲蒸霞蔚仄

集萬方之玉帛帶礪燦碁布星羅慶溢遐陬平

歡騰荒服仄恭惟

道高咸五仄
德峻登三平
声教燭氷天平化洽歌風緼瑟仄
仁恩薄桂海仄治臻鼓腹含哺平臣某海島藩封平
滄溟末職仄情殷曝獻仄跋涉岂憚波濤平志切
葵傾平貢期敢稽納欵仄謹遣陪臣〇〇〇〇
〇〇等肅賫方物聊表芹私平伏願
盛德日新平
大業富有仄
來王來享仄恒恩賈誼保泰之言平
受共受球平時屋山濤危明之慮將見東西南
朔赫厥声而濯厥靈平傒向要荒小者懷而
大者畏矣仄臣某無任瞻
天仰
聖激切屏營之至

擬進貢表

伏以

聖主當陽[平]職方紀雨風和會[仄]

哲王御宇[仄]重譯依日月光華[平]

開閶闔而拜冕旒[平]雉羽花迎劍珮[仄]

瞻宮闕而觴圭璧[仄]鵷行乳映星碁[平]澤國忭歡

波臣鼓舞[仄]恭惟

皇帝陛下

聰明睿知[仄]

文武聖神[平]

超帝軼王[平]大業冠二十一史[仄]

經天緯地鴻圖邁四十餘年[平]臣某島服微僚[平]

藩封末品[仄]代沐

聖朝覆庇[仄]德重如山[平]躬承

寵命冊封[平]恩深似海[仄]雖以波濤浩淼[仄]敢稽職貢

梯航球陽[平]之仰照無方[平]納款之輸誠較切[仄]

謹遣陪臣○○○○○○等賫土物[仄]趨

叩

丹墀[平]聊表芹私[平]用伸曝献[仄]伏願

居中表正

一道同風[平]

玉燭輝煌[平]藻火誦良箴之什[仄]

金甌奠麗[仄]宵衣緒無逸之篇[平]將見受共受球[平]

水鰈共林鶼戲瑞而來王來享[仄]郊麟偕藪

鳳呈祥[平]矣臣某無任瞻

天仰

聖激切屏營之至

擬進貢表

伏以

[illegible]

[illegible]

[illegible]

[illegible]

[illegible]

[illegible]

[illegible]

[illegible]

[illegible]

[illegible] ○ ○ ○ ○ ○ [illegible]

聖德凝庥平嘉祉衍無疆之慶仄
皇猷錫仄福祥符昭有道之長平
玉帛雲從平梯航咸登壽域仄
車書日麗甸荒共履春臺平域外歡呼平寰中拜
舞仄恭惟
皇帝陛下
聰明天縱仄
敦敏性成平
敷治通英平武誥渙盤披
黼座仄
懋修崇政仄幽風箕範燦
楓仄宸平渤澥遍恩膏平銀甕器車呈瑞仄滄溟沾声敎仄
河清海晏揚休平臣某海宇微僚藩垣末品仄
望流沙積石波濤隔萬里雲霄瞻
景運泰階平島嶼分九天雨露蛟宮屏息仄徒切
依光平蜃宇樓居平欠切

培造(仄)蓬蓮爭先于肅慎(仄)共球敢後于越裳(平)謹
遣陪臣○○○○○○等趨叩
彤墀(平)肅賫方物(仄)彈丸黑子(仄)愧無瑚璉貝珠(平)蕞爾
小邦僅獻藿葵蘊藻(仄)聊表負暄之意仰藉
納谷之慈(平)伏願
聖神愈廣(仄)
精一彌修(平)
緯地兼以經天(平)八荒拱極(仄)
撰文復能奮武(仄)六宇朝宗(平)將見畢協而箕協
風玉燭常調于奕禩(仄)山如礪而河如帶金
甌永固于千秋(平)矣臣某無任瞻
天仰
聖激切屏營之至

擬進貢表

伏以

聖教誕敷平四海祝昇平之治仄

皇綱丕振仄萬年綿福祚之長平

綜王會之輿圖平嶽瀆燦於棊布仄

攬職方之版宇仄河山煥若星羅平喜溢普天平歡

騰率土仄恭惟

皇帝陛下

允文允武仄

作君作師平

垂拱歌風平解愠阜財遊盛世仄

凝旒鳴豫仄含哺鼓腹樂清時平鳳司頌泰階之

平平蠶梁兆安瀾之慶仄臣某南濱末職仄東渤

微員平俗熏椎髻侏儒平何異寸雕題鑿齒化

被冠裳礼樂仄稍殊于木食草衣平雖僻處鮫

宮平時凜

天威咫尺而棲遲區宇惟循臣分輸將(平)捲萬里
之鯨濤(平)鼓棹如登衽席(仄)展一絲之蟻悃(仄)乘
槎若履康莊(平)海外嵩呼(平)遙聽鈞天雅奏(仄)山
陬華祝(仄)榮分太液
恩波(平)贄幣爭先越裳(平)梯航恐後節笮(仄)謹遣陪臣
○○○○○等齎貢方物趨叩
彤墀(平)恭奉葵藿
上陳(平)仰冀葑菲下採(仄)伏願
德齊廣運(仄)
學維緝熙(平)
論道邇英(平)銅漏宣未央之問(仄)
綏猷崇政(仄)藻火懋長樂之修則安愈求安(平)治
益求治(仄)輸玉帛者遍戴日戴斗之區(平)獻共
球(平)者集如雨如雲之盛(仄)矣　臣其無任瞻
天仰
聖激切屏營之至

擬進貢表

伏以

黼座天開(平)萬國共球歌湛露(仄)

楓宸日麗(仄)九荒簪笏沐薰風(平)

玉帛來同(平)咸望建章而拜舞(仄)

車書集統(仄)羣瞻宮扇以山呼(平)內府之翡翠繽

紛(平)

上方之貝珠璀燦(仄)蟻封知慶鮫嶼分榮(平)恭惟

皇帝陛下

德覆堯天(平)

仁敷禹甸(仄)

太極之經筵恒啓(仄)學貫濂洛関閩(平)

崇政之宵旰時勤(平)治措兵刑禮樂(仄)銀甕金船

呈瑞(仄)瑞花瓊樹凝輝(平)臣某海表藩封(平)嵒中

澤國波濤陽九天雲樹(仄)末由登閶闔而肅

朝儀奕葉叨

累代栽培惟是瞻箕翼而般華祝河润頻沾于
雲外消埃莫答于
聖朝雖鮫室之寒林律吹生煖而蜃宮之花木
陽向皆春雲浪汪洋横飛舟楫恍如鼉戴
水天飄渺一色帆檣不慮鯨波洶爲清晏
揚休真覺泰階景象茲遵貢期之典敬稽
納款之常謹遣陪臣〇〇〇〇〇等叨
陪玉筍班聯趨附躬桓行列賫中山之土
産僅屬溪毛叩
丹陛之崇堦竊祈海納伏願
勵精圖治
夕惕朝乾
咸五而臨道高于聖神文武
登三以治澤流于候甸要荒將見浴日滔星
共樂春臺壽域而扶桑高柳各安桂海冰
天矣臣某無任瞻

天仰
聖激切屏營之至

擬進貢表

伏以
聖朝大一統仄河山偕日月光華平
皇圖鞏萬年平玉帛共風雲絢爛仄
節頒龍虎仄奉冠帶者咸樂朝宗平
贄貢雄藩平宣正朔者皆恩拱極仄普天喜動率
土歡聯平恭惟
皇帝陛下
仁冒八荒平
德綏九有仄
垂裳南面仄紹危微精一之傳平
緼瑟深宮平闡河圖洛書之秘仄千秋金鑑宵旰

不輟於
楓宸大寶良箴（平）午夜猶披於
講幄（仄）臣某海疆下吏（仄）島嶼末僚（平）世守藩垣（平）代
供職貢（仄）僻居鮫室（仄）頻藉有腳陽春（平）翹望
龍墀（平）徒切傾心葵藿（仄）謹遣陪臣○○○○○
等虔賚土產（仄）趨附鵷鷺清班（平）匍叩
玉階（平）獲覲冠裳仙仗（仄）雖土儀薄物（仄）秖為澤國溪
毛（平）而贄幣蘄誠（平）仰賴
仁慈海納（仄）球陽倍加起色（仄）荒服愈覺增榮（平）伏願
文治彌光（平）
淵修愈懋（仄）
恩敷帶礪（仄）滄溟之鼉浪永恬（平）
澤被屏藩（平）渤澥之鯨波常靖（仄）將見五風十雨（仄）
兆瑞於熙皞之朝（平）而四海九州悉登於仁
壽之域矣 臣某無任瞻
天仰

聖激切屏營之至

岩彩白描张竹州

奉
天承運
皇帝詔曰大